LOS 5 LENGUAJES DEL AMOR

· PARA HOMBRES ·

LOS 5 LENGUAJES DEL AMOR®

· PARA HOMBRES ·

CUADERNO DE EJERCICIOS

Gary Chapman

Publicado por
Unilit
Medley, FL 33166

Primera edición actualizada 2024

© 2023 por *Gary Chapman*
Título del original en inglés:
The 5 Love Languages for Men Workbook
Publicado por *Northfield Publishing*
(This book was first published in the United States by Northfield Publishing with the title *The 5 Love Languages for Men Workbook.*, copyright © 2023 by Gary Chapman. Translated by permission. All rights reserved.)

Traducción: *Nancy Pineda*
Cubierta: *Faceout Studio*
Diseño de interior: *Erik M. Peterson*

Reservados todos los derechos. Ninguna porción ni parte de esta obra se puede reproducir, ni guardar en un sistema de almacenamiento de información, ni transmitir en ninguna forma por ningún medio (electrónico, mecánico, de fotocopias, grabación, etc.) sin el permiso previo de los editores, excepto en el caso de breves citas contenidas en artículos o reseñas importantes.

A menos que se indique lo contrario, el texto bíblico se tomó de la Santa Biblia, Nueva Versión Internacional ® NVI®
Propiedad literaria © 1999 por Bíblica, Inc.™
Usado con permiso. Reservados todos los derechos mundialmente.

Producto: 491487

ISBN: 0-7899-2839-6 / 978-0-7899-2840-5

Categoría: *Relaciones / Amor y matrimonio*
Category: *Relationships / Love and Marriage*

Impreso en Colombia
Printed in Colombia

CONTENIDO

Introducción — 7

LECCIÓN # 1
¿Cuántos lenguajes hablas? — 9

LECCIÓN # 2
Cómo llegar a hablar con fluidez en las palabras de afirmación
(Primer lenguaje del amor) — 19

LECCIÓN # 3
Cómo llegar a hablar con fluidez en el tiempo de calidad
(Segundo lenguaje del amor) — 27

LECCIÓN # 4
Cómo llegar a hablar con fluidez en los regalos
(Tercer lenguaje del amor) — 35

LECCIÓN # 5
Cómo llegar a hablar con fluidez en los actos de servicio
(Cuarto lenguaje del amor) — 45

LECCIÓN # 6
Cómo llegar a hablar con fluidez en el toque físico
(Quinto lenguaje del amor) — 53

LECCIÓN # 7
¿Cuáles son los lenguajes que hablas? — 61

LECCIÓN # 8
La solución de problemas — 69

LECCIÓN # 9
¿Cómo pueden superar juntos la ira? — 79

LECCIÓN # 10
El arte de la disculpa — 87

Guía para el líder de *Los 5 lenguajes del amor para hombres* — 94

INTRODUCCIÓN

BIENVENIDOS a una obra de amor.

Las diez lecciones de este libro se crearon con un propósito: fortalecer y profundizar la relación amorosa con tu esposa. El proceso no será fácil. Nada que valga la pena lo es. Este estudio planteará algunas preguntas desafiantes. Te llevará fuera de tu zona de comodidad. Incluso, requerirá que hagas tareas.

Sin embargo, no se trata de un trabajo pesado. Estas lecciones te ofrecen estrategias prácticas para aplicar los principios de *Los 5 lenguajes del amor para hombres*. Ofrecen vislumbres del potencial de tu relación cuando tú y tu cónyuge hablan los lenguajes del amor del otro.

Si realizas este estudio solo, no te desanimes. Es probable que tus esfuerzos en solitario tengan un profundo impacto en tu relación. A lo largo de *Los 5 lenguajes del amor para hombres*, encontrarás relatos de relaciones muy disfuncionales que no solo sobrevivieron, sino que prosperaron gracias al compromiso de uno de los miembros de la pareja de aprender el lenguaje del amor de su cónyuge.

A medida que avances en este estudio, permite que la paciencia, la gracia y el humor te acompañen. Aprender un nuevo lenguaje del amor puede ser difícil, y hay más que un poco de ensayo y error involucrado. Aprecia los esfuerzos de tu cónyuge por comunicarte su amor de una forma que tenga sentido para ti, por torpes que sean al principio. Y asegúrate de informarle cuándo esos esfuerzos dan en el blanco.

Si realizas este estudio en grupo, presta atención a lo que expresan tus compañeros del grupo. La inspiración y la sabiduría pueden encontrarse en lugares inesperados. En tus interacciones con los demás miembros del grupo, sé generoso con tus ánimos y moderado con tus críticas. Haz preguntas de seguimiento apropiadas, a fin de mostrar tu interés en el éxito de otras parejas. Consulta la Guía para el líder de *Los 5 lenguajes del amor para hombres* en las páginas 94-95 para obtener sugerencias útiles que facilitan las discusiones de grupo.

Sin tener en cuenta cómo enfoques este estudio, debes ser consciente de que las lecciones de este libro requerirán una significativa inversión de tiempo y esfuerzo. Hay mucho material importante en estas páginas. Aun así, es prácticamente una inversión libre de riesgos. Verás los dividendos. Y cuanto más de ti mismo inviertas en este cuaderno de ejercicios, mayores serán tus dividendos.

GARY CHAPMAN

OBJETIVO

Al leer este capítulo, descubrirás cómo aprender el lenguaje primario del amor de tu esposa te permite trabajar de forma más inteligente, a fin de hacerla sentir amada.

¿CUÁNTOS LENGUAJES HABLAS?

LECCIÓN

INSTRUCCIONES: Completa esta primera lección después de leer el capítulo 1 («¿Cuántos lenguajes hablas?») de *Los 5 lenguajes del amor para hombres*.

Lenguaje primario del amor: el método de comunicar y experimentar el amor emocional que hace que una persona se sienta amada de veras.

Barrera del lenguaje: una dinámica que surge cuando los cónyuges no comparten el mismo lenguaje primario del amor, lo que crea la necesidad de que aprendan a hablar un nuevo lenguaje del amor.

Dialectos: matices dentro de un lenguaje del amor que comunican el amor de maneras más específicas y poderosas.

Tanque del amor: el depósito emocional que todos llevamos dentro y que se llena cuando la gente nos habla en nuestro lenguaje primario del amor.

PREGUNTAS INICIALES

1. ¿Cuál es la expresión de amor más extravagante que jamás le hayas dado a tu esposa? ¿Por qué elegiste esa forma específica de expresar tu amor? Describe el esfuerzo, la planificación o el sacrificio económico que supuso tu expresión de amor.

2. ¿Cómo se recibió tu gran gesto de amor? ¿Cómo reaccionó tu esposa? ¿Fue todo lo que esperabas? Si es así, ¿qué te llevaste de la experiencia? Si no, ¿qué harías de forma diferente la próxima vez?

PIÉNSALO

3. El Dr. Chapman comienza el capítulo narrando tres historias de hombres que hicieron todo lo posible para mostrarles amor a sus esposas. Luego dice: **«A menos que esos individuos hicieran sus planes teniendo en mente el lenguaje del amor primario de sus esposas, habrían podido lograr los mismos resultados»** con... ¿con qué? ¿Cuál es tu reacción al darte cuenta de eso?

4. El Dr. Chapman escribe: **«Cuando expresas el amor que le tienes a tu esposa utilizando su lenguaje del amor *primario*, es como golpear en el punto ideal con un bate de béisbol o con un palo de golf. Solo te *sientes a gusto*... y los resultados son impresionantes»**. Describe un momento en el que experimentaste esa sensación de hablar el lenguaje del amor de tu esposa de la manera adecuada, ya sea que lo quisieras o no.

5. ¿En qué aspectos se parecen tú y tu esposa? ¿En qué se diferencian? ¿Cómo influyen esas similitudes y diferencias en su relación, para bien o para mal?

6. ¿Qué diferencias ves entre los lenguajes o dialectos del amor de tu esposa y los tuyos? ¿Cómo se manifiestan esas diferencias en su relación?

7. Según el Dr. Chapman, «**en las primeras etapas de la relación, cuando la pareja se siente ebria con su enamoramiento, es posible que no se den cuenta de la barrera entre sus lenguajes. Tal vez estén tan ansiosos por complacerse el uno al otro, que hacen cosas que no se ajustan a su personalidad [...]. Cualquier preocupación que quizá tengan respecto a sus diferencias la barren con el tsunami del romance y de la pasión**». ¿Cómo se alinea esa descripción con los primeros días de tu relación? ¿Qué cosas «fuera de lo normal» hiciste cuando tú y tu esposa se enamoraban?

8. Por supuesto, todo lo que sube tiene que bajar. O, como dice el Dr. Chapman, «**a medida que la novedad de la relación desaparece y los niveles de pasión descienden de sus crestas de la luna de miel, la pareja con dos lenguajes se establece en una rutina. Regresan a lo que conocen mejor**». ¿Cuánto duró tu «cresta de luna de miel»? ¿Qué rutinas establecieron cuando terminó? ¿Qué pasó con sus respectivos tanques del amor como resultado?

9. ¿Cuál es el mayor desafío que esperas encontrar al aprender a hablar el lenguaje primario del amor de tu esposa? ¿Cuál es la mayor recompensa que esperas cuando por fin lo hables con fluidez?

LLÉVALO A CASA

La mayoría de las parejas no piensan en los lenguajes del amor en las primeras etapas de su relación. La adrenalina y la emoción del nuevo amor son suficientes para llenar sus tanques del amor. Sin embargo, una vez que pasa la «fase de luna de miel», casi todas las parejas vuelven a su estado natural e intentan comunicarse utilizando sus propios lenguajes primarios del amor. Lo lamentable es que eso suele crear una barrera del lenguaje. Por mucho que la pareja se esfuerce en demostrarse amor, sus intentos fracasarán y sus tanques del amor se vaciarán poco a poco.

Piensa en cómo se ha desarrollado, o podría desarrollarse, ese ciclo en tu relación. Para cada una de las siguientes situaciones, escribe cuál sería tu primer instinto para mostrarle amor a tu esposa. Después, piensa en una estrategia más eficaz, basada en lo que sabes sobre el lenguaje del amor real de tu esposa.

	PRIMER INSTINTO	**MEJOR OPCIÓN**
Es su aniversario.		
Tu esposa y tú acaban de tener una fuerte discusión.		
Notas algo sorprendente en tu esposa, algo que te hace amarla aún más.		
Tu esposa se siente insegura en cuanto a su apariencia física.		

LAS SIETE CLAVES DEL ÉXITO

El Dr. Chapman identifica siete claves para tener éxito en el aprendizaje del lenguaje del amor de tu esposa. Considera con sumo cuidado cada una de ellas al escribir tus respuestas a las siguientes preguntas. Las respuestas te ayudarán a desarrollar una estrategia y te orientarán mientras te preparas para el emocionante viaje que tienes por delante.

POCA MEMORIA
¿Cuáles son algunas de las experiencias pasadas que debes olvidar o de las que necesitas reírte para poder avanzar en el aprendizaje del lenguaje primario del amor de tu esposa?

CREATIVIDAD
¿Cómo sería «pensar con originalidad» en tu vida mientras intentas aprender el lenguaje del amor de tu esposa?

ESCUCHAR UN BUEN CONSEJO
De todas las personas que conoces, ¿a quiénes admiras más en sus relaciones? Explícate. Si tuvieras la oportunidad, ¿qué preguntas te gustaría hacerles a esas parejas?

VISIÓN

¿Qué ajustes puedes hacer en tu rutina diaria para ayudarte a detectar nuevas oportunidades de demostrarle amor a tu esposa?

PERSEVERANCIA

¿En qué logros pasados puedes basarte para sentirte motivado e inspirado mientras te esfuerzas por dominar el lenguaje del amor de tu esposa?

ORACIÓN

Si tuvieras que hacer una lista de oración para tu relación, en específico de las cosas que necesitas para ser el mejor esposo posible para tu esposa, ¿qué incluirías? ¿Dónde puedes encontrar tiempo en tu agenda diaria para llevar esas peticiones a Dios?

POSTURA FIRME

¿Qué ajustes puedes hacer en tu agenda, tus prioridades o tu actitud para demostrarle a tu esposa que nada es más importante que tu relación con ella?

RETO DEL AMOR

Una de las claves para tener éxito en aprender el lenguaje del amor de tu esposa es escuchar buenos consejos. ¿Qué pasos darás esta semana para aprovechar la sabiduría y la experiencia de personas cuyas relaciones admiras?

Utiliza este espacio para más notas, citas o lecciones aprendidas del capítulo.

OBJETIVO

Al leer este capítulo, aprenderás a utilizar las palabras de afirmación para expresar amor de maneras que llenen el tanque del amor de tu esposa.

CÓMO LLEGAR A HABLAR CON FLUIDEZ EN LAS PALABRAS DE AFIRMACIÓN (PRIMER LENGUAJE DEL AMOR)

LECCIÓN 2

INSTRUCCIONES: Completa esta segunda lección después de leer el capítulo 2 («Cómo llegar a hablar con fluidez en las palabras de afirmación [Primer lenguaje amor]») de *Los 5 lenguajes del amor para hombres*.

TÉRMINO CLAVE

Palabras de afirmación: expresiones verbales y escritas de amor, aprecio y aliento que les comunican amor de manera profunda a las personas que hablan ese lenguaje del amor.

PREGUNTAS INICIALES

1. El rey Salomón escribió: «En la lengua hay poder de vida y muerte» (Proverbios 18:21). ¿Cuándo fue la última vez que alguien dijo algo que te hizo sentir vivo de verdad? ¿Por qué crees que esas palabras tuvieron tal impacto en ti?

2. ¿Cuándo fue la última vez que dijiste algo con el propósito de mejorar un poco la vida de otra persona? ¿Cómo recibió tus palabras?

PIÉNSALO

3. El Dr. Chapman dice: «**El *verdadero* poder de las palabras se encuentra en su capacidad para llenarles el tanque del amor a las personas. Si el lenguaje primario del amor de tu esposa es palabras de afirmación, ese poder está en la punta de tus dedos; o de manera más concreta, en la punta de tu lengua**». ¿Cómo te *sientes* al ejercer ese poder? ¿Cuál es tu reacción cuando consideras que la forma en que usas tus palabras puede cambiar la vida de tu esposa?

4. El Dr. Chapman enfatiza que la adulación no es un dialecto del lenguaje del amor de las palabras de afirmación. ¿Por qué la adulación suele tener el efecto contrario a las palabras de afirmación? ¿Qué debe ser cierto para que tus palabras marquen la diferencia en la vida de tu esposa?

5. «El amor es [...] bondadoso». Esas cuatro sencillas palabras pueden y deben guiar tu comunicación con tu esposa. Sin embargo, como explica el Dr. Chapman, «**puede ser un desafío para muchos hombres. Desde una edad temprana, se nos condiciona a blandir las palabras como armas**». Ese condicionamiento se manifiesta a través del sarcasmo y del humor mordaz. ¿Por qué esos dos tipos de discurso son contraproducentes a las palabras de afirmación?

6. Las palabras de afirmación pueden ser especialmente poderosas en momentos de conflicto. ¿Cuál dice el Dr. Chapman que es tu mejor estrategia cuando tu esposa está enojada, molesta y arremete con palabras provocadoras? En lugar de intentar demostrar tu propia corrección o superioridad en esa situación, ¿cuál debería ser tu objetivo con tus palabras?

7. Al hablar de la incapacidad de la gente para perdonar a su cónyuge, el Dr. Chapman escribe: «**Me asombra cómo muchas personas echan a perder cada nuevo día con el ayer**». ¿Cómo has visto esto en tu propia relación? Pon un ejemplo de cómo podrías usar palabras de afirmación para no solo expresarle amor a tu esposa, sino también perdón.

8. «**El amor hace peticiones, no demandas**». Así es que el Dr. Chapman resume la importancia de la humildad al pronunciar palabras de afirmación. Todos tenemos deseos que queremos que nuestro cónyuge conozca. ¿Qué sucede cuando expresamos nuestros deseos en forma de demandas? En cambio, ¿qué sucede cuando expresamos nuestros deseos en forma de peticiones?

9. ¿Dónde ves las mayores oportunidades para marcar una diferencia en la vida de tu esposa al ser más decidido en el uso de palabras de afirmación? ¿Cuáles imaginas que serán los desafíos más difíciles que enfrentarás al incorporar palabras de afirmación en tu rutina diaria?

LLÉVALO A CASA

Además de elogiar a tu esposa directamente, una de las formas más poderosas de utilizar palabras de afirmación es elogiar a tu esposa ante los demás, en especial ante sus amigos y conocidos. Como resultado, ¡puede que le transmitan esos elogios a ella! Para acostumbrarte a elogiarla ante los demás, escribe los nombres de cuatro personas y los elogios específicos que puedas decirles sobre tu esposa.

POTENCIAL SIN EXPLOTAR

Las palabras de afirmación pueden darle a tu esposa la confianza y el aliento que necesita para aprovechar su potencial y salir de su zona de comodidad para desarrollarlo. Sin embargo, para que tus palabras sean eficaces, deben tener un propósito y estar dirigidas al objetivo. Aquí tienes algunas preguntas que pueden ayudarte a maximizar el potencial de tus palabras.

¿Qué es importante para tu esposa?

¿Qué es capaz de hacer tu esposa si pudiera explotar todo su potencial?

¿Qué palabras específicas de afirmación puedes ofrecerle para ayudarla a desarrollar su potencial?

¿Cómo puedes asegurarte de no presionarla sin darte cuenta para que haga algo que crees que debería hacer?

¿Qué impacto te gustaría que tuvieran tus palabras de afirmación en tu esposa?

RETO DEL AMOR

Mark Twain dijo una vez: «Puedo vivir dos meses con un buen cumplido». Sin embargo, ¿qué pasaría si el objetivo no solo fuera vivir, sino prosperar? ¿Cuáles son algunos cumplidos sinceros que puedes hacerle a tu esposa? Continúa observando las cosas que ella hace a diario y encuentra formas de comunicarle tu amor por esas cosas.

Utiliza este espacio para más notas, citas o lecciones aprendidas del capítulo.

OBJETIVO

Al leer este capítulo, aprenderás a utilizar el tiempo de calidad, la conversación de calidad y las actividades de calidad para expresar amor de manera que llene el tanque del amor de tu esposa.

CÓMO LLEGAR A HABLAR CON FLUIDEZ EN EL TIEMPO DE CALIDAD (SEGUNDO LENGUAJE DEL AMOR)

LECCIÓN 3

INSTRUCCIONES: Completa esta tercera lección después de leer el capítulo 3 («Cómo llegar a hablar con fluidez en el tiempo de calidad [Segundo lenguaje del amor]») de *Los 5 lenguajes del amor para hombres*.

Tiempo de calidad: una forma de expresar amor dedicando tiempo con un propósito determinado y dirigiendo toda tu atención a otra persona.

Conversación de calidad: diálogo empático en el que dos personas expresan sus experiencias, pensamientos, sentimientos y deseos en un contexto amistoso y sin interrupciones.

PREGUNTAS INICIALES

1. En una escala del uno al diez, siendo uno «el tiempo es un concepto abstracto; no tiene ningún significado para mí» y siendo diez «el tiempo es nuestro bien más preciado», ¿qué tan valioso es tu tiempo para ti? ¿De dónde procede tu actitud hacia el tiempo?

2. Si tuvieras dos horas más cada día, ¿qué harías con ellas? ¿En qué cambiaría tu vida con dos horas más al día?

PIÉNSALO

3. Si el lenguaje primario del amor de tu esposa es el tiempo de calidad, el Dr. Chapman explica cómo su esposa se siente amada y de veras cuidada cuando vas «la milla extra» al pasar tiempo dedicado a ella. ¿Qué significa caminar la milla extra al pasar tiempo con tu esposa?

4. El Dr. Chapman enfatiza que hay una gran diferencia entre pasar tiempo con tu esposa y pasar tiempo de calidad con ella. Pon un ejemplo de tu propia relación sobre la diferencia entre pasar tiempo juntos y pasar tiempo de calidad juntos. Según el Dr. Chapman, ¿cuál es la clave para establecer la mentalidad adecuada, a fin de pasar tiempo de calidad?

5. Uno de los dialectos más comunes del lenguaje del amor en tiempo de calidad es la conversación de calidad. Según el Dr. Chapman, ¿cuáles son las tres cosas que le comunicas a tu cónyuge cuando entablas una conversación de calidad? ¿Cuál es una forma segura de entablar una conversación de calidad con tu esposa? ¿Cómo se ve la escucha empática en tu relación? ¿Cuáles son algunas preguntas que mostrarían tu verdadero deseo de comprender a tu esposa?

6. Después de contar la historia de Patrick, el hombre arrepentido que se dio cuenta demasiado tarde de lo que su esposa necesitaba de él en realidad, el Dr. Chapman pregunta: «**¿Alguien quiere tirar la primera piedra?**». ¿Por qué resulta tan tentador intentar resolver un problema u ofrecer consejos cuando tu esposa habla de ciertas luchas que enfrenta? ¿Cómo se interpone ese instinto de solución de problemas en el camino de una conversación de calidad?

7. El Dr. Chapman escribe: «**Casi todos carecemos de la suficiente preparación en cuanto a saber escuchar. Somos mucho más expertos en los artes de pensar y hablar. Esa falta de preparación te será difícil de esconder si el lenguaje primario de tu esposa en el amor es el tiempo de calidad y su dialecto es la conversación de calidad**». ¿Cuáles son los cinco consejos prácticos que ofrece para adquirir la habilidad de escuchar? ¿Cuál presentaría el mayor desafío para ti? ¿Por qué?

8. Según el Dr. Chapman, «**la revelación propia es un reto para muchos hombres**». ¿Qué experiencias de la infancia pueden dificultar la revelación propia más adelante en la vida? ¿Cuál es el mayor desafío al que te enfrentas para ser más revelador en lo emocional con tu esposa? ¿Qué pasos específicos puedes dar para superar ese desafío?

9. Las actividades de calidad también son un dialecto del lenguaje del amor del tiempo de calidad. El Dr. Chapman enfatiza: «**Entre las actividades de calidad podría estar cualquier cosa en la que uno de ustedes, o los dos, tenga interés. Lo importante no es lo que hacen, sino por qué lo hacen. El propósito es que juntos experimenten algo, en hacer que tu esposa se marche de esa experiencia pensando:** *Él me quiere. Estuvo dispuesto a hacer conmigo algo que disfruto, y lo hizo con una actitud positiva*». Con esto en mente, ¿cuáles son algunas actividades de calidad que llenarían el tanque del amor de tu esposa? ¿Cómo puedes hacer que esas actividades sean memorables en especial para ella?

LLÉVALO A CASA

¿Adónde va el tiempo? Es una pregunta que todo el mundo haría bien en responder. Sin embargo, para el esposo de alguien cuyo lenguaje primario del amor es el tiempo de calidad, es esencial por completo comprender cómo utilizas las veinticuatro horas que tienes asignadas cada día.

El siguiente gráfico circular representa un día típico: veinticuatro horas. Tu tarea consiste en rellenar, con la mayor precisión posible, cómo distribuyes ese tiempo, utilizando categorías como dormir, trabajo (incluidos los desplazamientos), comer, hacer ejercicios, pasar tiempo frente a una pantalla (incluidas las redes sociales, la televisión, la navegación en línea y los videojuegos), aficiones y pasatiempos, tareas domésticas, obligaciones familiares (como partidos de fútbol o recitales de danza), la iglesia, el servicio comunitario y, por supuesto, el tiempo a solas con tu esposa.

Tu objetivo aquí es reflejar un día normal tal y como es, no como te gustaría que fuera. Sé lo más preciso posible en la distribución del tiempo.

¿ADÓNDE *PUEDE* IR EL TIEMPO?

El siguiente gráfico circular refleja un día *potencial*: una asignación de veinticuatro horas diseñada para maximizar el tiempo de calidad que pasas con tu esposa. ¿Qué tareas puedes recortar para dedicarle más tiempo? Permite que este gráfico circular refleje tus recortes y tus nuevas prioridades.

En el espacio a continuación, escribe algunas ideas concretas para ajustar tu horario diario y poder dedicarle más tiempo a tu esposa. En algunos casos, podría significar reducir algunos aspectos (por ejemplo, el tiempo frente a la pantalla) y usar el tiempo ahorrado para dedicárselo a tu esposa, tal vez en forma de una caminata nocturna. En otros casos, podría significar encontrar maneras de incluir a tu esposa en ciertas actividades. Por ejemplo, podrían empezar a hacer ejercicios o a cocinar juntos. Con un poco de creatividad y sacrificio, puedes encontrar una sorprendente cantidad de formas de pasar más tiempo de calidad con tu esposa.

RETO DEL AMOR

Si mañana sigues el patrón de todos los demás días desde el día de tu nacimiento, tendrás veinticuatro horas para dedicarle. ¿Qué gesto especial puedes hacer en las próximas veinticuatro horas para indicarle a tu esposa que quieres priorizar el tiempo de calidad con ella?

Utiliza este espacio para más notas, citas o lecciones aprendidas del capítulo.

OBJETIVO

Al leer este capítulo, aprenderás a utilizar regalos bien elegidos para expresar amor de manera que llenen el tanque del amor de tu esposa.

CÓMO LLEGAR A HABLAR CON FLUIDEZ EN LOS REGALOS (TERCER LENGUAJE DEL AMOR)

LECCIÓN 4

INSTRUCCIONES: Completa esta cuarta lección después de leer el capítulo 4 («Cómo llegar a hablar con fluidez en los regalos» [Tercer lenguaje del amor]») de *Los 5 lenguajes del amor para hombres*.

TÉRMINO CLAVE

Regalos: un lenguaje del amor en el que una persona experimenta plenitud emocional a través de regalos bien elegidos.

PREGUNTAS INICIALES

1. Si pudieras hacerle un regalo a tu esposa, ¿cuál sería? Deja volar tu imaginación. No te limites a pensar en cosas que sean posibles de manera realista. Por ejemplo, si tu esposa todavía habla del viaje que ustedes dos hicieron a Italia, tu regalo podría ser una impresionante villa junto al lago que ambos admiraron allí. Si tu esposa aún llora la pérdida de su padre, tu regalo podría ser un día más para pasarlo con él en perfecto estado de salud

2. ¿Cuál es la aproximación más cercana a ese regalo que, de manera realista, podrías hacerle a tu esposa? Por ejemplo, es obvio que no podrías darle un día con su difunto padre, pero podrías crear un vídeo recopilatorio de escenas de tu esposa y su padre juntos.

PIÉNSALO

3. En la historia del Dr. Chapman sobre Erik y Kelsey, el regalo de Erik de una pelota de béisbol seguía siendo valioso para Kelsey quince años después. ¿Cuáles son algunas de las posibles razones por las que un regalo específico tenía un significado tan especial para ella? ¿Qué aprendió Erik de Kelsey a partir de su reacción ante el primer regalo que le hizo? ¿Cómo podría haber aprovechado lo que aprendió para avanzar en su relación?

4. Al mirar por tu casa, ¿qué recuerdos, memorias o fotos ves que reflejen el lenguaje del amor de tu esposa a la hora de hacer regalos? ¿Qué significado especial tiene cada uno?

5. El Dr. Chapman escribe: «**De los cinco lenguajes del amor, el de los regalos es el que con mayor probabilidad hace fruncir el ceño a más de uno**». ¿Por qué es tan probable que genere algunas preguntas? ¿Cuál es el primer paso para evitar la apariencia de materialismo o cazafortunas al hablar el lenguaje del amor?

6. Según el Dr. Chapman, ¿qué impulsa a un esposo a aprender el lenguaje del amor de los regalos de su esposa? ¿Cuál es el objetivo de la esposa al darle tanta prioridad a los regalos? (Pista: no es el materialismo).

7. Describe algunas de tus primeras experiencias con la conexión entre el amor y los regalos. ¿Cuántos de esos primeros instintos todavía te acompañan? Para las personas cuyo lenguaje primario del amor es regalos, ¿qué es aún más encantador y significativo que el propio regalo?

8. Según el Dr. Chapman, «**si el lenguaje primario de tu esposa es el de los regalos, el costo de ese obsequio solo tendrá importancia para ella si se halla muy por encima de lo que te puedes permitir... o lo que te gastas en ti mismo o en otras personas**». Si gastas demasiado y te metes en un agujero financiero, todos sufren. Si no gastas lo suficiente, parecerás tacaño y egoísta, y tu regalo puede insultar a tu esposa en lugar de hacerla sentir amada. Con esos parámetros en mente, ¿qué tipo de regalos serían ideales para tu esposa?

9. En el recuadro «Narra historias», el doctor Chapman señala que «**una combinación eficaz de historia con regalo es lo que le da a tu esposa alguna idea sobre la forma en que funciona tu mente cuando piensas en ella**». ¿Qué combinación de historia-regalo le daría a tu esposa una idea de tu proceso de hacer regalos?

LLÉVALO A CASA

Cuando se trata de regalos, *no* hay una talla única que sirva para todos. El regalo significativo para una persona es la baratija inútil para otra. El gesto considerado de una persona es la oportunidad desperdiciada de otra. A fin de hacerse una idea de las preferencias de tu esposa, encierra en un círculo el artículo de cada uno de los siguientes pares que creas que apreciaría más, el que crees que le hablaría de amor con más claridad.

Darle una tarjeta de regalo para su tienda favorita
y llevarla de compras

O

Elegir un artículo de esa tienda que creas
que le gustaría, sin consultarla

Un día de espá

O

Una noche de hotel

Una joya

O

Ropa

El regalo de un día, en el que solo estén ustedes dos, en el
que ella elija los lugares a los que van y las cosas que hacen

O

El regalo de un día para ella, mientras tú te ocupas
de los niños o de las responsabilidades del hogar

Una tarjeta de felicitación con tus más
sinceros sentimientos escritos

O

Un selfi de los dos enmarcado

Una donación a una organización sin ánimo
de lucro que apoye tu esposa

O

Comprar acciones de una empresa cuyos
productos le agraden a tu esposa

Esconder un regalo pequeño y económico
(y apto para la TSA) en su equipaje
cuando se vaya de viaje

O

Preparar una serie de elaboradas pistas que conduzcan
a un regalo bastante caro (del tipo que no puedes
permitirte más de una vez al año) y bellamente envuelto

Cena en su restaurante favorito
y una película en el cine

O

Comida para llevar de su restaurante favorito
y una película en casa

Una flor de un vendedor ambulante

o

Una pinta de helado

Una estrella con la inscripción del nombre de tu esposa

o

Un objeto que ella coleccione

Al revisar sus respuestas, ¿cómo resumirías las preferencias de tu esposa? Dicho de otro modo, ¿qué dialectos específicos prefiere tu esposa en el lenguaje del amor de regalos? ¿Prefiere regalos hechos en casa o comprados en una tienda? ¿Prefiere recibir regalos frecuentes y baratos, o poco frecuentes y caros? ¿Prefiere artículos prácticos o novedades caprichosas?

SIETE DÍAS PARA REGALAR

En el calendario que aparece a continuación, planifica una semana especial para regalos. Piensa en algo especial que puedas regalarle a tu esposa cada día. No hace falta que arruines tu presupuesto. Recuerda que los regalos no tienen por qué ser caros para que tengan sentido. Sin embargo, los siete deben ser significativos. También puedes anotar algunas ideas creativas sobre dónde y cómo hacer cada regalo.

DÍA	
DOMINGO	
LUNES	
MARTES	
MIÉRCOLES	
JUEVES	
VIERNES	
SÁBADO	

RETO DEL AMOR

En las preguntas 1 y 2 de esta lección, imaginaste el regalo ideal para tu esposa y la aproximación más cercana a ese regalo ideal que se te ocurrió. ¿Qué pasos vas a dar esta semana para hacer realidad esa aproximación y prepararte para hacerle un regalo memorable a tu esposa?

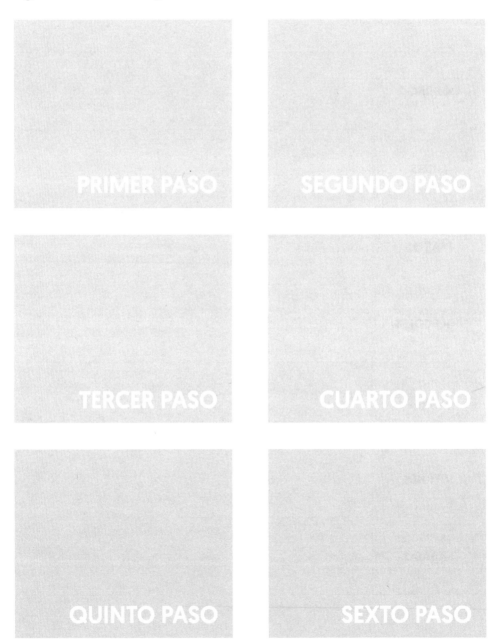

Utiliza este espacio para más notas, citas o lecciones aprendidas del capítulo.

OBJETIVO

Al leer este capítulo, aprenderás a realizar tareas y completar proyectos de manera que llenen el tanque del amor de tu esposa.

CÓMO LLEGAR A HABLAR CON FLUIDEZ EN LOS ACTOS DE SERVICIO (CUARTO LENGUAJE DEL AMOR)

LECCIÓN 5

INSTRUCCIONES: Completa esta quinta lección después de leer el capítulo 5 («Cómo llegar a hablar con fluidez en los actos de servicio [Cuarto lenguaje del amor]») de *Los 5 lenguajes del amor para hombres*.

TÉRMINO CLAVE

Actos de servicio: un lenguaje del amor en el que una persona experimenta la plenitud emocional cuando se realizan tareas o quehaceres para su beneficio.

PREGUNTAS INICIALES

1. ¿Has trabajado tú o algún conocido tuyo en el sector de servicios? Si es así, ¿cómo fue la experiencia? ¿Qué aprendiste de la experiencia? ¿Qué aprendiste sobre las personas, y sobre ti mismo, al prestar servicios tangibles?

2. ¿Cómo se asignan las tareas y responsabilidades domésticas en tu casa? ¿Hay ciertas tareas que a nadie le gusta hacer? De ser así, ¿cuáles? ¿Hay tareas que a tu esposa no le gusten en especial? En caso afirmativo, ¿cuáles? ¿Por qué?

PIÉNSALO

3. En la historia que usó el Dr. Chapman al principio del capítulo, André se imaginaba cómo reaccionarían sus compañeros del equipo de *rugby* y su padre al verle limpiar el baño. ¿Quién les dio forma a tus ideas sobre lo que un hombre debe o no debe hacer en casa? ¿Cómo refuerzan o estorban esas ideas tus esfuerzos por aprender el lenguaje del amor de actos de servicio?

4. ¿Cómo resumiría las «malas noticias» y las «buenas noticias» que ofrece el Dr. Chapman sobre la importancia del impacto? En última instancia, cuando se trata de actos de servicio, ¿cuál es el único criterio de juicio? ¿Qué dos preguntas deberían guiar tus actos?

5. El Dr. Chapman sugiere que invites a tu esposa a elaborar su «lista de tareas pendientes de sus sueños»; es decir, los actos de servicio que la harían sentirse más amada. ¿Qué es fundamental que hagas tan pronto como recibas su lista? ¿Por qué la iniciativa es mucho más importante que las buenas intenciones? ¿Cuál sería tu estrategia preferida para mostrar iniciativa en lo que respecta a la lista de tu esposa?

6. Según el Dr. Chapman, «**la clave para iniciar los actos de servicio es convertirla en una "Experiencia en 3-D": Dinamismo, Disciplina y Dedicación**». ¿A qué se refiere el «Dinamismo»? ¿Cómo puedes recordar por qué trabajas para hablar con fluidez en actos de servicio? ¿A qué se refiere la «Disciplina»? ¿Qué sacrificios pueden ser necesarios para que le demuestres amor a tu esposa a través de algunos actos de servicio ambiciosos en especial? ¿A qué se refiere la «Dedicación»? ¿Qué ocurre cuando se desvanece la dedicación?

7. El Dr. Chapman escribe: «**Una cosa bien hecha con una actitud indebida, en realidad puede hacer más daño que bien**». ¿Por qué? ¿Qué tres ingredientes son esenciales para que tus actos de servicio tengan el máximo impacto? Pon ejemplos de cómo podrías demostrar cada uno de ellos al realizar un acto de servicio para tu esposa.

8. «**De los cinco lenguajes del amor, los actos de servicio parecen tener el mayor potencial de abuso […]. La manipulación por la culpa ("Si fueras una buena esposa, harías esto por mí") no es el lenguaje del amor. La coerción por temor ("Harás esto o te vas a arrepentir") es ajena al amor**». Tras identificar el problema potencial, el doctor Chapman revela la estrategia para abordarlo. ¿Cómo eliminar el miedo, la culpa y el resentimiento del lenguaje del amor de los actos de servicio?

9. ¿Cómo puedes prepararte para el inevitable ensayo y error que se producirá a medida que trabajas para hablar con fluidez en actos de servicio? ¿Cómo puedes aceptar las críticas constructivas de tu esposa sin permitir que descarrilen tu motivación?

LLÉVALO A CASA

Clasifica del uno al seis las siguientes ideas para hablar con fluidez los actos de servicio, en función de lo factibles que te resulten (el uno sería el más fácil de poner en práctica para ti; el seis sería el más difícil). Al lado de cada uno, escribe algunas ideas sobre cómo podrías ponerlo en práctica.

_____ Planea levantarte media hora antes o quedarte despierto media hora más tarde cada día para trabajar en un acto de servicio para tu esposa.

_____ Prepara la cena, y limpia la cocina después, al menos dos noches a la semana.

_____ Planifica un acto de servicio semanal en el que tu esposa y tú puedan trabajar juntos. Por ejemplo, los dos podrían ser voluntarios en un refugio para personas sin hogar o en un refugio de animales rescatados.

_____ Intercambia servicios con otro esposo. Si se te ocurre un servicio que va más allá de tus habilidades, pide ayuda. A cambio, ofrece tus propias habilidades y conocimientos especializados, para algo que tu «subcontratista» necesite hacer.

_____ Crea una red de asesores, formada por personas que conocen a tu esposa y tal vez incluso por otros esposos que tratan de aprender el lenguaje del amor en los actos de servicio, a fin de que te ayuden en tus esfuerzos por hablar con fluidez el lenguaje del amor de tu esposa.

¿CUÁNTO SIGNIFICARÍA? (DOS PERSPECTIVAS)

A continuación, encontrarás una lista de actos de servicio. Califica cada uno en una escala del uno al diez, basándote en lo significativo que crees que sería para tu esposa, siendo el uno «nada significativo» y el diez «extremadamente significativo». Dejamos dos espacios en blanco para que los rellenes con ideas específicas para tu relación. Una vez que los califiques todos, pídele a tu esposa que haga lo mismo. Comparen sus números y hablen de los aspectos en los que existen discrepancias notables.

ACTO DE SERVICIO	TÚ	ESPOSA
Lavar y aspirar su auto una vez al mes		
Preparar la cena dos veces a la semana		
Aspirar los pisos		
Lavar		
Lavar, secar y guardar los platos		
Cortar y bordear el césped, podar los arbustos		
Limpiar el garaje		
Hacer la compra en el supermercado		
Lidiar con el papeleo		
Reparar un objeto roto de la casa		
Asumir responsabilidades en el cuidado de los niños		

LECCIÓN 5

RETO DEL AMOR

¿Hay alguna tarea que siempre has querido hacer, pero que nunca pareces tener el tiempo (o la energía o la motivación) para realizarla? ¿Una que se incluye en todas las listas de tareas pendientes del hogar, pero que nunca se tacha? ¿Algo que tu esposa tal vez perdiera la esperanza de ver terminada? Realizar esa tarea sería una excelente manera de anunciarle tu intención de aprender su lenguaje del amor. ¿Qué pasos debes seguir esta semana para completar esa tarea y tacharla de tu lista de tareas pendientes?

Utiliza este espacio para más notas, citas o lecciones aprendidas del capítulo.

OBJETIVO

Al leer este capítulo, aprenderás a utilizar el toque físico de manera que llenes el tanque del amor de tu esposa.

CÓMO LLEGAR A HABLAR CON FLUIDEZ EN EL TOQUE FÍSICO (QUINTO LENGUAJE DEL AMOR)

LECCIÓN 6

INSTRUCCIONES: Completa esta sexta lección después de leer el capítulo 6 («Cómo llegar a hablar con fluidez en el toque físico [Quinto lenguaje del amor]») de *Los 5 lenguajes del amor para hombres*.

TÉRMINO CLAVE

Toque físico: un lenguaje del amor en el que una persona experimenta plenitud emocional a través del toque humano.

PREGUNTAS INICIALES

1. Enumera tres tipos de toque que te vuelvan loco, en el buen sentido. ¿Por qué ese tipo de toque tiene tanto impacto en ti? Enumera tres tipos de toques que te vuelven loco, de una manera no tan buena. ¿Por qué te irritan?

2. A partir de tu propia experiencia o de las experiencias de personas que conoces, enumera tres razones por las que un hombre puede no ser «sensible» por naturaleza. ¿Cómo reaccionas cuando te ves en la situación de tener que establecer el toque físico con alguien que no conoces bien? ¿Crees que la gente tiene una idea equivocada sobre ti debido a tu actitud hacia el toque físico? Explícalo.

PIÉNSALO

3. ¿Qué papel desempeña el toque físico en tu vida diaria, no solo con tu esposa y tu familia, sino también con tus compañeros de trabajo, amigos, compañeros de equipo y nuevos conocidos? Por lo general, ¿inicias los apretones de manos, los abrazos, los choques de manos, las palmaditas en la espalda, o esperas a que otros lo hagan?

4. El Dr. Chapman escribe: «**Después del período de la luna de miel, cuando los recién casados no pueden obtener lo suficiente el uno del otro, muchas parejas se forman un patrón de un siempre creciente distanciamiento físico**». ¿Cómo describirías el patrón de toque físico que tu esposa y tú adoptaron después de su «período de luna de miel»? ¿Como lo explicas? ¿Cómo te sientes al respecto?

5. Según el Dr. Chapman, si el lenguaje primario del amor de tu esposa es el toque físico, «**un toque físico que no registraría siquiera la mayoría de las personas, tiene el potencial de emocionarlas, cambiar su estado de ánimo, iluminar su día y, lo más importante, sentirse amadas y objeto de afecto**». ¿Qué evidencia ves de ese potencial en tu esposa? ¿Cómo manifiesta su necesidad de toque físico?

6. El Dr. Chapman recomienda hacer una «prueba de referencia», utilizando el mismo principio que utilizan los programas deportivos de los institutos para sus protocolos de conmoción cerebral, a fin de medir tu relación de toque físico actual con tu esposa. ¿Qué crees que mostraría tu prueba de toque físico inicial? ¿Cuántas veces estimarías que tocas a tu esposa durante un día normal? ¿Cómo te sientes al respecto? ¿Cómo crees que se siente tu esposa al respecto? ¿Dónde ves margen de mejora?

7. El Dr. Chapman ofrece un valioso recordatorio: «**A decir verdad, no todos los toques se crean iguales. Hay algunos que le van a producir a ella más placer que otros**». Teniendo esto en cuenta, ¿quién es tu mejor instructor? ¿Cuáles son los únicos toques disponibles para ti? ¿Qué pasa si insistes en tocarla a tu manera y en tu tiempo?

8. «**Sin duda, a un hombre con sangre en las venas, y movido por la testosterona, se le puede perdonar que sonría con picardía cuando descubre que su esposa experimenta el amor sobre todo mediante el toque físico [...]. Al fin y al cabo, el toque físico incluye las relaciones sexuales, ¿no?**». ¿Cómo responde el Dr. Chapman a esa pregunta? ¿Qué importante recordatorio nos ofrece sobre el propósito de hablar con fluidez el lenguaje del amor del toque físico? ¿Qué tres puntos necesitas recordar?

9. Piensa en la última crisis a la que se enfrentaron tu esposa y tú. ¿Cómo reaccionaste físicamente? ¿Utilizaste el toque físico para consolar y reconfortar, o evitaste el toque físico? ¿Cómo explicas tu reacción? ¿Qué desearías haber hecho en esa situación? ¿Cómo aplicarás las lecciones de esa experiencia la próxima vez que te enfrentes a una crisis?

LLÉVALO A CASA

En el siguiente esquema, dibuja flechas hacia varias partes del cuerpo y escribe ideas para utilizar esa parte del cuerpo para hablar el lenguaje del amor en el toque físico con tu esposa. Algunas ideas son obvias: tomarle la mano, besarle los labios, masajearle los hombros. Mira a ver cuántas ideas menos obvias se te ocurren, relacionadas con partes del cuerpo que a menudo se pasan por alto. Por ejemplo, cepillarle el cabello a tu esposa o tomarla por el codo al entrar en la iglesia puede llenar su tanque del amor con más rapidez de lo que esperas.

UN REGALO PARA CADA OCASIÓN

Para cada una de las siguientes situaciones, piensa en un toque físico que sería apropiado, algo que le comunicaría amor de manera inequívoca a tu esposa.

SITUACIÓN	EL TOQUE ADECUADO
Entras por la puerta después del trabajo.	
Los dos están animando a su equipo favorito.	
Los dos tienen la casa para ustedes solos por la noche.	
Los dos se están reconciliando después de una acalorada discusión.	
Tu esposa no se siente bien.	

RETO DEL AMOR

Según el Dr. Chapman, si quieres hablar con fluidez el lenguaje del amor en el toque físico, «**tu esposa necesita saber que tu propósito es genuino, tus intenciones son nobles y tus esfuerzos van dirigidos hacia ella**». ¿Cómo iniciarás esa conversación esta semana? ¿Cómo conseguirás la ayuda y la orientación de tu esposa, a fin de aprender su lenguaje del amor?

Utiliza este espacio para más notas, citas o lecciones aprendidas del capítulo.

OBJETIVO

Al leer este capítulo, aprenderás a examinar tus preferencias personales y tus interacciones con tu esposa para descubrir su lenguaje primario del amor.

¿CUÁLES SON LOS LENGUAJES QUE HABLAS?

LECCIÓN 7

INSTRUCCIONES: Completa esta séptima lección después de leer el capítulo 7 («¿Cuáles son los lenguajes que hablas?») de *Los 5 lenguajes del amor para hombres*.

TÉRMINO CLAVE

Uso negativo de los lenguajes del amor: elementos del lenguaje del amor que se utilizan de manera hiriente y perjudicial, o que solo están ausentes en una relación, lo que subrayan la importancia de su uso positivo.

PREGUNTAS INICIALES

1. ¿Qué palabras usaría tu esposa para describirte? Si tienes hijos, ¿qué palabras usarían? ¿Tus amigos más cercanos? ¿Tus compañeros de trabajo? ¿Qué pasa con las personas con las que no te llevas bien? En tu opinión, ¿qué palabras se acercan más a la verdad de quién eres? ¿Cuáles podrían darte pistas sobre cuál es tu lenguaje primario del amor?

2. ¿Cuántos lenguajes hablas? No limites tu pensamiento a los lenguajes oficiales como el español o el inglés. ¿Cuántos tipos de jerga hablas y entiendes? ¿Hablas con fluidez la lengua informática? ¿La jerga de tu afición favorita? ¿La terminología médica? ¿En cuántos dialectos no oficiales tienes al menos cierta fluidez?

PIÉNSALO

3. ¿Tuviste un momento de «¡Ajá!» la primera vez que viste la lista de los cinco lenguajes del amor? ¿Te llamó la atención alguno como tu lenguaje primario del amor? Explícalo. ¿Reconociste el lenguaje primario del amor de tu esposa? Explícalo. ¿Qué tan seguro estás del lenguaje primario del amor de tu esposa? ¿Qué tan seguro estás de tu propio lenguaje primario del amor? ¿Qué dudas o preguntas, si las hay, te impiden estar ciento por ciento seguro?

4. ¿Por qué los hombres son susceptibles en especial al autoengaño cuando se trata de nuestro lenguaje primario del amor? ¿Por qué es importante entender la diferencia entre una necesidad biológica y una emocional?

5. Si no puedes identificar con facilidad tu lenguaje primario del amor, puede que te ayude pensar en términos de lo que te duele en lo más profundo cuando un lenguaje del amor se usa de forma negativa. ¿Qué uso negativo de un lenguaje del amor te viene a la mente?

6. El análisis de cómo le expresas amor a tu esposa puede revelar pistas sobre tu lenguaje primario del amor. Sin embargo, no es necesariamente un indicador absoluto. ¿Por qué también es importante considerar el papel que representa el comportamiento aprendido en tus expresiones de amor?

7. El Dr. Chapman escribe que «**casi todas las personas se casan con alguien cuyo lenguaje primario en el amor sea diferente al suyo**». Si ese es tu caso y el de tu cónyuge, ¿cuál es el primer paso lógico para superar la barrera del lenguaje? Si tu lenguaje primario del amor es el toque físico y el de tu esposa es el tiempo de calidad, ¿qué cuestiones prácticas deben resolverse primero?

8. Después de analizar las formas en que ambos se sienten cómodos expresando el amor (es decir, sus respectivos lenguajes primarios del amor), deben seguir adelante. El Dr. Chapman lo explica de esta manera: «**Lo lamentable es que lo cómodo para cada uno de ustedes no causaría un impacto en el otro**». ¿Qué debes estar dispuesto a hacer para dominar el lenguaje del amor de tu esposa? ¿Cómo sería ese tipo de sacrificio en tu relación?

9. Según el Dr. Chapman, ¿qué debes hacer «**cada vez que te sientas enojado o frustrado con los intentos de tu esposa por comunicarse contigo a través de tu lenguaje en el amor**»? ¿Qué papeles desempeñan el aprecio, la gratitud, la libertad de acción y la comprensión para ayudar a tu esposa a aprender a hablar tu lenguaje del amor?

LLÉVALO A CASA

Si no estás seguro de cuál es tu lenguaje primario del amor, piensa con detenimiento en las siguientes preguntas. Puede que tus respuestas te digan lo que necesitas saber.

¿Cuál de las siguientes quejas se parece más a algo que le dirías a tu esposa?

_____ «Si alguna vez me hicieras un verdadero cumplido, es probable que asuma que estás hablando con alguien detrás de mí».

_____ «Parece que tienes tiempo para todo el mundo menos para mí».

_____ «Es agotador ser la única persona que se preocupa por la limpieza de nuestra casa».

_____ «¿Hiciste un viaje de una semana y no me trajiste nada?».

_____ «¿Me encuentras repulsivo? ¿Por eso te niegas a tocarme?».

¿Cuál de las siguientes cosas te molestaría o lastimaría más si tu esposa lo hiciera?

_____ Criticarte delante de los demás

_____ Cancelar una cita contigo para salir con sus amigas

_____ Rechazar tu petición de ayudarte con una tarea

_____ Hacerte un regalo desconsiderado por tu cumpleaños

_____ Irse a la cama sin darte un abrazo o un beso

¿Cuál de las siguientes cosas le pides más a menudo tu esposa?

_____ Cumplidos y aliento

_____ Tiempo a solas, los dos

_____ Regalos bien pensados

_____ Ayuda con ciertas responsabilidades domésticas

_____ Más apretones de manos, caricias, abrazos y besos

Si pudieras elegir, ¿qué lenguaje del amor utilizarías para expresarle tus sentimientos a tu esposa?

_____ Palabras de afirmación

_____ Tiempo de calidad

_____ Regalos

_____ Actos de servicio

_____ Toque físico

DESCUBRE EL LENGUAJE DEL AMOR DE TU ESPOSA

Si no estás seguro de cuál es el lenguaje primario del amor de tu esposa, responde a las mismas preguntas, esta vez desde el punto de vista de ella.

¿Cuál de las siguientes quejas se parece más a algo que te diría tu esposa?

_____ «Si alguna vez me hicieras un verdadero cumplido, es probable que asuma que estás hablando con alguien detrás de mí».

_____ «Parece que tienes tiempo para todo el mundo menos para mí».

_____ «Es agotador ser la única persona que se preocupa por la limpieza de nuestra casa».

_____ «¿Hiciste un viaje de una semana y no me trajiste nada?».

_____ «¿Me encuentras repulsivo? ¿Por eso te niegas a tocarme?».

¿Cuál de las siguientes cosas molestaría o lastimaría más a tu esposa si se lo hicieras?

_____ Criticarte delante de los demás

_____ Cancelar una cita con ella para salir con tus amigos

_____ Rechazar su petición de ayudarla con una tarea

_____ Hacerle un regalo desconsiderado por su cumpleaños

_____ Irte a la cama sin darle un abrazo o un beso

¿Cuál de las siguientes cosas te pide más a menudo tu esposa?

_____ Cumplidos y aliento

_____ Tiempo a solas, los dos

_____ Regalos bien pensados

_____ Ayuda con ciertas responsabilidades domésticas

_____ Más apretones de manos, caricias, abrazos y besos

Si tu esposa pudiera elegir, ¿qué lenguaje del amor utilizaría para expresarte sus sentimientos?

_____ Palabras de afirmación

_____ Tiempo de calidad

_____ Regalos

_____ Actos de servicio

_____ Toque físico

RETO DEL AMOR

El Dr. Chapman recomienda que participes en el juego del «tanque del amor» con tu esposa tres veces a la semana durante tres semanas. Ese es un compromiso importante, sobre todo si los dos no están acostumbrados a sincerarse el uno al otro de la forma que lo requiere el juego. ¿Cómo iniciarías el juego con tu esposa esta semana de una manera que despierte su interés, pero que no la abrume?

Utiliza este espacio para más notas, citas o lecciones aprendidas del capítulo.

OBJETIVO

Al leer este capítulo, aprenderás cómo elegir amar a tu esposa de maneras que la impacten en lo más profundo en lugar de depender de formas que te resulten cómodas.

LA SOLUCIÓN DE PROBLEMAS

LECCIÓN

INSTRUCCIONES: Completa esta octava lección después de leer el capítulo 8 («La solución de problemas») de *Los 5 lenguajes del amor para hombres..*

TÉRMINO CLAVE

Experiencia del enamoramiento: una eufórica obsesión emocional donde una persona se fija en los aspectos positivos de una pareja romántica, y de relación, pero pierde de vista las realidades prácticas.

PREGUNTAS INICIALES

1. El Dr. Chapman comienza el capítulo con estas palabras: **«En un mundo ideal, una pareja descubriría el lenguaje del amor del otro en su primera cita»**. ¿Qué descubriste de tu esposa en tu primera cita? Ahora que lo recuerdas, ¿te dio alguna idea sobre su lenguaje primario del amor? Si es así, ¿cuáles fueron?

2. ¿Qué descubrió tu esposa sobre ti, para bien o para mal, en la primera cita? ¿Cómo reaccionó ante las cosas que aprendió? ¿Crees que le diste alguna pista sobre tu lenguaje primario del amor? Si es así, ¿cuáles? ¿Parecía darse cuenta de ellos?

PIÉNSALO

3. El Dr. Chapman escribe: «**La realidad en muchas parejas es que permiten que sus sentimientos de romance, emoción y "enamoramiento" los lleven al matrimonio antes de tener una oportunidad de considerar cada uno el lenguaje del otro para el amor**». Si tu esposa y tú hubieran conocido los lenguajes del amor del otro, así como el trabajo que se necesitaría para hablarlos con fluidez, ¿cómo podría haber afectado eso las primeras etapas de su relación?

4. El Dr. Chapman señala que la agitación y las presiones de la vida diaria les dejan poco tiempo o poca energía para aprender un nuevo lenguaje del amor. Como resultado, tienden a ceñirse al lenguaje que conocen y esperar lo mejor. ¿Cuál es el problema de esa estrategia?

5. ¿Qué dos opciones tienen las parejas cuando «**el "enamoramiento" que los llevó al altar se desvaneció, dejando atrás a dos personas que se parecen muy poco a los tortolitos con los ojos llenos de estrellas que aparecen en las fotos de su boda**»?

6. Elegir la segunda opción no siempre es fácil. ¿Qué sucede con el tiempo en un matrimonio cuando las «subidas» no son tan altas como la pareja esperaba y los «bajos» son en gran medida más bajos y más largos de lo que jamás creyeron posible?

7. El Dr. Chapman habla de sus sesiones de consejería con Brent y Becky. ¿Qué ocurrió durante sus doce años de matrimonio que los llevó a ese punto? ¿Ves algún paralelismo con tu propia relación? En caso afirmativo, ¿qué ideas o consejos les habrías dado? Si no es así, ¿por qué su relación tomó un rumbo diferente?

8. ¿Qué identifica el Dr. Chapman como el lenguaje primario del amor de su esposa? ¿Cuál es una de sus estrategias clave para hablar ese lenguaje del amor? ¿Por qué esa estrategia es desafiante en especial para él? ¿Por qué eso hace que sus esfuerzos sean aún más impactantes para su esposa?

9. En una escala del uno al diez, siendo diez la puntuación más alta, ¿qué tan preparado estás para comunicarte en el lenguaje primario del amor de tu cónyuge? Explícate. En una escala del uno al diez, ¿qué tan motivado estás para aprender el lenguaje primario del amor de tu cónyuge? Explícalo.

LLÉVALO A CASA

El Dr. Chapman concluye el capítulo con un pensamiento sencillo, pero profundo: *El amor es una decisión*. No es una decisión que se hace de una vez por todas el día de la boda, sino una serie continua de decisiones. Cada día trae nuevas opciones, nuevas oportunidades para que tu esposa y tú profundicen su amor mutuo tomando decisiones difíciles, a fin de esforzarse al máximo por su relación o distanciarse poco a poco tomando decisiones fáciles, a fin de ir por el camino de menor resistencia.

Para cada una de las siguientes situaciones, escribe una elección fácil y una difícil a las que te enfrentarías al afrontar esa situación. Por ejemplo, si tu estilo de crianza choca con el estilo de crianza de tu esposa, la opción fácil podría ser que cada uno siguiera sus propios instintos y dejara caer críticas sutiles del otro delante de sus hijos. La opción difícil podría ser mostrar un poco de humildad, llegar a un acuerdo y desarrollar un estilo de crianza conjunto que incorpore sus fortalezas combinadas y se adapte a sus dos lenguajes primarios del amor.

A tu esposa y a ti les encantaría hablar con fluidez el lenguaje del amor del otro, pero con sus responsabilidades laborales, familiares, sociales y domésticas, no tienen tiempo.

DECISIÓN FÁCIL	DECISIÓN DIFÍCIL

Te has esforzado de verdad por hablar con fluidez el lenguaje del amor de tu esposa, pero no has conseguido nada. Todo lo que haces se recibe con críticas o indiferencia.

DECISIÓN FÁCIL	DECISIÓN DIFÍCIL

Tu esposa no muestra ningún interés en aprender a hablar tu lenguaje primario del amor.

DECISIÓN FÁCIL	DECISIÓN DIFÍCIL

Tu esposa y tú han ignorado los principales lenguajes del amor del otro desde la «etapa de la luna de miel» de su relación. Sus tanques del amor están vacíos y lo han estado desde que tienes memoria.

DECISIÓN FÁCIL	DECISIÓN DIFÍCIL

IMPLICACIONES

Para cada una de las situaciones que consideraste en las páginas anteriores, escribe lo que sucedería, bueno y malo, si tomaras la decisión fácil y la difícil. Por ejemplo, si tomas la decisión difícil en la primera situación y dedicas tiempo para aprender el lenguaje del amor del otro, es posible que tengas que sacrificar, al menos de manera temporal, cosas que son importantes para ti.

A tu esposa y a ti les encantaría hablar con fluidez el lenguaje del amor del otro, pero con sus responsabilidades laborales, familiares, sociales y domésticas, no tienen tiempo.

SI TOMAS LA DECISIÓN FÁCIL...	SI TOMAS LA DECISIÓN DIFÍCIL...

Te has esforzado de verdad por hablar con fluidez el lenguaje del amor de tu esposa, pero no has conseguido nada. Todo lo que haces se recibe con críticas o indiferencia.

SI TOMAS LA DECISIÓN FÁCIL...	SI TOMAS LA DECISIÓN DIFÍCIL...

Tu esposa no muestra ningún interés en aprender a hablar tu lenguaje primario del amor.

SI TOMAS LA DECISIÓN FÁCIL...	SI TOMAS LA DECISIÓN DIFÍCIL...

Tu esposa y tú han ignorado los principales lenguajes del amor del otro desde la «etapa de la luna de miel» de su relación. Sus tanques del amor están vacíos y lo han estado desde que tienes memoria.

SI TOMAS LA DECISIÓN FÁCIL...	SI TOMAS LA DECISIÓN DIFÍCIL...

RETO DEL AMOR

Las relaciones fuertes, saludables y prósperas requieren mucho trabajo. Si tu esposa y tú tienen una relación fuerte o están trabajando para lograr una relación fuerte, en varios puntos a lo largo del camino tomaron decisiones difíciles. Se han negado a tomar el camino de menor resistencia. ¿Qué harás por tu esposa esta semana para celebrar el arduo trabajo que ambos realizaron en su relación? ¿Qué le dirás para comprometerte a tomar decisiones sabias, y difíciles, en el futuro?

Utiliza este espacio para más notas, citas o lecciones aprendidas del capítulo.

OBJETIVO

Al leer este capítulo, aprenderás a aceptar la realidad de la ira en tu relación y a encontrar una estrategia viable para afrontarla de forma saludable..

¿CÓMO PUEDEN SUPERAR JUNTOS LA IRA?

LECCIÓN 9

INSTRUCCIONES: Completa esta novena lección después de leer el capítulo 9 («¿Cómo pueden superar juntos la ira?») de *Los 5 lenguajes del amor para hombres*.

TÉRMINOS CLAVE

Ira definitiva: ira provocada por las acciones indebidas de otra persona.

Ira distorsionada: ira que se desata cuando tu cónyuge dice o hace algo que te irrita, o no lo hace «a tu manera».

PREGUNTAS INICIALES

1. Una antigua máxima griega aconseja: «Conócete a ti mismo». ¿En qué aspectos has tenido éxito a la hora de lograr ese objetivo? Por ejemplo, ¿tienes una idea de cuánta fuerza interior posees en realidad? ¿O de cuánta compasión? Si es así, ¿qué circunstancias te han ayudado a comprenderte mejor?

2. Si pudieras recuperar un arrebato o ataque de ira en tu pasado, ¿cuál sería? ¿Qué fue lo que te hizo estallar? ¿Hasta qué punto fue grave? ¿Cómo reaccionó la persona que se llevó la peor parte de tu ira? ¿Qué te hubiera gustado haber hecho diferente?

PIÉNSALO

3. El Dr. Chapman comienza el capítulo con la historia de Dan y Sarah. ¿Qué hizo Sarah que provocó la ira de Dan? ¿Qué hizo Dan, o no hizo, que provocó la ira de Sarah? Si tu esposa y tú hablaran con franqueza sobre tu ira, ¿qué detalles serían diferentes?

4. Según el Dr. Chapman, el primer paso para controlar la ira de forma saludable es reconocer su realidad. ¿Qué dos tipos de ira identifica? ¿Por qué no hay necesidad de condenarte a ti mismo o condenar a tu esposa por sentir ira?

5. El segundo paso es admitir su ira el uno ante el otro. ¿Por qué no resulta útil jugar a «Adivina lo que siento»? ¿Por qué tu esposa merece saber cuándo hizo algo que provocó tu ira?

6. El tercer paso es aceptar que las explosiones verbales y físicas que atacan a la otra persona no son respuestas adecuadas. ¿Qué hacen siempre las expresiones explosivas de ira? ¿Qué estrategia práctica sugiere el Dr. Chapman para romper el hábito de responder de manera explosiva a la ira? ¿Qué tan difícil sería para ti y tu cónyuge incorporar esa estrategia a su relación? Explícalo.

7. El cuarto paso para controlar la ira de forma saludable es buscar una explicación antes de emitir un juicio. ¿Qué ejemplos ofrece el Dr. Chapman para ilustrar la importancia de no juzgar hasta escuchar la versión de la historia de tu esposa? ¿Qué ejemplo personal agregarías sobre una reacción instintiva o un malentendido del que te arrepientes?

8. El quinto paso es ponerse de acuerdo en cuanto a buscar una solución. Piensa en el último desacuerdo intenso que tuvieron tu esposa y tú. ¿Qué tipo de confrontación directa y amorosa habría abierto la puerta a una conversación constructiva y a la solución del problema? ¿Cuál habría sido una solución ideal al conflicto?

9. El sexto paso es afirmar el amor mutuo. Según el Dr. Chapman, cuando tu esposa y tú dicen con sinceridad «te amo» una vez resuelto el enojo, ¿qué se dicen en realidad? En situaciones en las que se cometió un verdadero error, ¿qué debe suceder antes de que la ira quede inactiva de nuevo?

LLÉVALO A CASA

Una de las mejores maneras de limitar el poder destructivo de la ira en tu vida es comprender lo que tiende a enfadarte y por qué. Junto al termómetro que aparece a continuación, enumera algunas cosas que suelen provocar tu ira. Coloca cada una en el lugar apropiado del termómetro, a fin de indicar qué tan «caliente» te pone. En la parte inferior, puedes enumerar pequeñas molestias, como conductores lentos en el carril izquierdo o fanáticos de los *Green Bay Packers*. En la parte superior, enumerarás las cosas que te hacen perder el control, como que te mientan. Al lado de cada elemento de tu lista, escribe una breve nota sobre por qué te enfada.

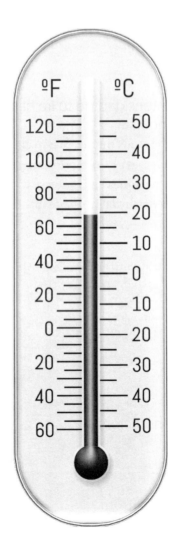

UNA MEJOR IDEA

Aquí tienes una lista de cosas que puedes sentirte tentado a hacer cuando te enfadas. Para cada una, piensa en una idea mejor y más productiva, una que, en última instancia, beneficie tu relación en lugar de dañarla y que te acerque a tu esposa en lugar de separarlos.

Te aferras a tu ira justificable, sin decir ni una palabra al respecto, hasta que puedas jugarlo como una carta de triunfo la próxima vez que tu esposa y tú discutan.

Una mejor idea sería...

Sigues aumentando la intensidad de tu ira hasta que tu esposa se sienta incómoda y se rinda.

Una mejor idea sería...

Te niegas a admitir que estás enfadado, pues no estás de humor para una confrontación.

Una mejor idea sería...

Sales de casa sin dar explicaciones.

Una mejor idea sería...

RETO DEL AMOR

El mejor momento para hablar sobre el control de la ira con tu esposa es cuando ninguno de los dos está enfadado. Si los dos se encuentran en un buen momento esta semana, ¿cómo abordarán el tema del control de la ira de forma constructiva? ¿De qué temas concretos le pedirás que hablen? ¿Cómo mantendrás una actitud amorosa y productiva durante la conversación?

Utiliza este espacio para más notas, citas o lecciones aprendidas del capítulo.

OBJETIVO

Al leer este capítulo, aprenderás a hablar el lenguaje primario de la disculpa de tu esposa, de modo que tus esfuerzos por decir «Lo siento» acaben fortaleciendo su relación.

EL ARTE DE LA DISCULPA

LECCIÓN 10

INSTRUCCIONES: Completa esta décima lección después de leer el capítulo 10 («El arte de la disculpa») de *Los 5 lenguajes del amor para hombres*.

TÉRMINO CLAVE

Lenguaje primario de la disculpa: el método de comunicar el arrepentimiento y pedir perdón que impacta de manera más profunda en una persona y le hace sentir que se restauró la relación.

PREGUNTAS INICIALES

1. ¿Cuál es la peor disculpa que has escuchado? ¿Quién la ofreció y quién la recibió? ¿Cómo se recibió o rechazó la disculpa? ¿Cuál hubiera sido un mejor enfoque?

2. ¿Por qué deberías haberte disculpado, pero nunca lo hiciste? ¿Por qué no te disculpaste? ¿Qué te hubiera gustado haber dicho en ese momento? ¿Es demasiado tarde para decir esas cosas ahora? Explícalo.

PIÉNSALO

3. Según el Dr. Chapman, ¿qué potencial tiene una disculpa genuina, si se hace bien? ¿Cuál es el resultado más notable que jamás hayas visto lograr con una disculpa?

4. El primer lenguaje de la disculpa es expresar arrepentimiento. ¿Qué significa expresar arrepentimiento? ¿Por qué es importante para ti sentir al menos un poco dolor? ¿Cómo puedes mostrar tu sinceridad cuando dices «Lo siento»? ¿Qué palabra nunca debe formar parte de tu expresión de arrepentimiento? Explícalo.

5. El segundo lenguaje de la disculpa es aceptar la responsabilidad. ¿Por qué es tan difícil decir «Me equivoqué»? ¿Qué sucede cuando intentas racionalizar tu comportamiento? De las citas de Jenna, Lizzy y Mike, ¿cuáles, si las hay, te tocaron más de cerca? Explícalas. ¿Por qué es esencial dominar el lenguaje de la disculpa y la aceptación de la responsabilidad?

6. El tercer lenguaje de la disculpa es la restitución. Según el Dr. Chapman, ¿cómo se integra la idea de «hacer bien las cosas» tanto en nuestro sistema judicial como en nuestras relaciones interpersonales? «**Puesto que la clave de la restitución es devolverle a tu esposa la seguridad de que la amas genuinamente**», ¿qué es esencial que hagas? Pon un ejemplo de cómo podría ser eso en tu relación.

7. El cuarto lenguaje de la disculpa es el arrepentimiento genuino. ¿Qué significa la palabra *arrepentimiento*? ¿Qué significa en el contexto de una disculpa en tu matrimonio? ¿Cómo hablas el lenguaje del arrepentimiento genuino? ¿Qué parecería eso en tu relación?

8. El quinto lenguaje de la disculpa es pedir perdón. ¿Cuáles son las tres razones que da el Dr. Chapman sobre la importancia de pedir perdón? En una escala del uno al diez, ¿qué tan difícil te resulta pedir perdón? Explícalo. ¿Cómo puedes superar tu incomodidad?

9. El Dr. Chapman concluye el capítulo escribiendo: «**El arte de la disculpa no es un arte fácil. No forma parte de la naturaleza de la mayoría de las personas, aunque todas lo pueden aprender**». ¿Por qué dice que «**vale la pena hacer el esfuerzo**»?

LLÉVALO A CASA

Las disculpas que la gente suele utilizar después de conflictos matrimoniales no siempre son las mejores que tienen a su disposición. Aquí tienes cuatro disculpas comunes que puedes verte tentado a utilizar con tu esposa. Considera cada una con sumo detenimiento y anota algunas ideas sobre por qué no es tan eficaz como podría serlo para sanar una ruptura.

Primera disculpa:

«La culpa es mía».

Segunda disculpa:

«Lamento que malinterpretaras lo que decía».

Tercera disculpa:

«Siento si algo de lo que dije te pudo ofender».

Cuarta disculpa:

«Lo siento mucho. Prometo que esto nunca volverá a suceder».

UNA MEJOR DISCULPA

De acuerdo, no querrás que tus disculpas...

- parezcan demasiado informales, como algo que le dirías a un compañero de equipo después de fallar un tiro bien abierto;
- sugieran que tu esposa tuvo la culpa por no haber oído o entendido bien lo que dijiste;
- sean demasiado vagas o ambiguas, como algo escrito por un abogado;
- hagan promesas absurdas que no puedes cumplir.

Ahora es el momento de considerar las cosas que sí quieres decir en una disculpa. Piensa en una discusión reciente entre tu esposa y tú, o en una no tan reciente que aún recuerdes.

¿A qué se debió la discusión?

¿Qué dijiste o hiciste de lo que te arrepientes o por lo que quieres disculparte? Se específico. No pienses solo en términos de lo que hiciste, sino también considera lo que tus palabras o acciones le hicieron a tu esposa y a tu relación.

Expresa tus sentimientos en palabras. Escribe una disculpa en la que asumas toda la responsabilidad por tus acciones, sin intentar buscar excusas ni echarles la culpa a otros. Reconoce el daño que le causaste a tu esposa y el daño que le causaste a tu relación. Sé consciente de las cosas que debes cambiar en ti, a fin de no volver a cometer el mismo error. Comprométete a mejorar en el futuro, pero no hagas promesas que no puedas cumplir.

RETO DEL AMOR

¿Hay algo por lo que debas disculparte con tu esposa? ¿Un comentario imprudente? ¿Una traición a la confianza? ¿Un descuido benévolo de alguna parte de tu relación? ¿Una oportunidad perdida de hablar su lenguaje del amor? No hay mejor momento que el presente para poner a prueba estos consejos para disculparte. Esta semana, ¿cómo le demostrarás a tu esposa que te comprometes a expresar arrepentimiento, aceptar la responsabilidad, reparar el daño, mostrar un arrepentimiento genuino o pedir perdón por haberla lastimado?

Utiliza este espacio para más notas, citas o lecciones aprendidas del capítulo.

GUÍA PARA EL LÍDER DE *LOS 5 LENGUAJES DEL AMOR PARA HOMBRES*

¡Felicidades! Estás en la cúspide de una emocionante aventura. Estás a punto de liderar un grupo pequeño a través de diez estudios que enriquecerán relaciones y cambiarán vidas. Y tú tendrás un asiento en primera fila para verlo todo.

Descubrirás que cada grupo pequeño presenta sus propios desafíos y oportunidades únicos. Sin embargo, hay algunos consejos que pueden ayudarte a aprovechar al máximo cualquier estudio en grupos pequeños, ya seas un veterano experimentado o un líder primerizo.

1. Comunícate.

Desde el principio, conviene que los miembros se hagan una idea de cómo funcionará la dinámica del grupo. Para aprovechar al máximo el tiempo que pasen juntos, los miembros del grupo deberán leer el capítulo asignado a cada lección de *Los 5 lenguajes del amor para hombres* y, a continuación, completar las «Preguntas iniciales» (preguntas 1 y 2) y la sección «Piénsalo» (preguntas de la 3 a la 9) antes de la reunión. Las actividades «Llévalo a casa» y «Reto del amor» deben completarse después de la reunión.

2. Mantén un buen ritmo.

Tu primera reunión comenzará con las presentaciones (si es necesario). Después de eso, les pedirás a los miembros del grupo que expongan sus respuestas a las dos primeras preguntas «para empezar». Se trata de ejercicios para romper el hielo. Su única finalidad es presentar el tema de la sesión. Deberás darles a todos la oportunidad de hablar, pero no conviene que te desvíes con discusiones demasiado largas aquí.

La sección «Piénsalo» (preguntas 3-9) es el centro del estudio. Aquí es donde debe producirse la mayor parte del análisis. Deberás establecer un buen ritmo, asegurándote de darle a cada pregunta el tiempo que le corresponde, pero dejando el tiempo suficiente para abordarlas todas. Cuando termines de analizar las preguntas, repasa de manera breve las secciones «Llévalo a casa» y «Reto del amor», a fin de que los miembros del grupo sepan cuáles serán sus «tareas».

La próxima reunión comenzará con un breve repaso de esas tareas. Pídeles a voluntarios que digan sus respuestas a las actividades de «Llévalo a casa» y sus experiencias en la puesta en práctica del «Reto del amor». Después de unos cinco minutos de repasar la aplicación de la lección anterior por parte de los miembros del grupo, comienza la nueva lección.

3. Prepárate.
Lee cada capítulo, responde las preguntas de estudio y trabaja con el material para llevar a casa, tal como lo harán los miembros de tu grupo. Intenta anticiparte a las preguntas o comentarios que harán los miembros de tu grupo. Si tienes tiempo, piensa en historias de tu propia relación o de las relaciones de personas que conozcas que se apliquen a la lección. De esa manera, si durante el estudio se produce una pausa, podrás utilizar las anécdotas para iniciar una conversación.

4. Muéstrate sincero y vulnerable.
No todo el mundo se siente cómodo contando los detalles de su relación con otras personas. Sin embargo, la sinceridad y la vulnerabilidad son esenciales en un entorno grupal. Ahí es donde entras tú. Si tienes el valor de ser vulnerable, de narrar detalles poco halagüeños sobre tu propia relación (con el permiso de tu cónyuge, por supuesto), puedes darles a los demás el valor para hacer lo mismo.

5. Destaca y celebra la singularidad de cada relación.
Algunos miembros del grupo pueden sentirse intimidados por las relaciones al parecer exitosas de otras personas. Otros pueden descubrir que las estrategias para aprender lenguajes del amor que les dan resultados a algunas personas no les resultan bien a ellos, así que pueden desanimarse. Puedes superar ese desánimo hablando de tus propias dificultades y éxitos. Ayuda a los miembros del grupo a ver que, bajo la superficie, cada relación tiene sus desafíos.

6. Crea un lugar seguro donde la gente se sienta libre, y cómoda, para hablar.
Pídeles a los miembros del grupo que acepten algunas pautas antes de la primera reunión. Por ejemplo, lo que se dice en el grupo se queda en el grupo. Y la voz de cada persona merece que se le escuche. Si descubres que algunos miembros del grupo se apresuran a dar consejos o críticas no solicitados cuando hablan otras personas, recuérdale al grupo que cada relación es única. Lo que le da resultado a uno puede que no le resulte bien a otro. Si el problema persiste, habla con los que dan consejos y críticos uno a uno. Ayúdalos a ver que sus comentarios bienintencionados pueden tener el efecto no deseado de disuadir a los demás de hablar.

7. Seguimiento.
Las preguntas y actividades de este libro animan a los miembros del grupo a leer *Los 5 lenguajes del amor para hombres*, iniciar conversaciones difíciles con sus cónyuges y realizar cambios significativos en las rutinas de su relación. Puedes ser el animador que necesitan los miembros de tu grupo, celebrando sus éxitos y felicitándoles por su valentía y compromiso. Además, al comunicarte cada semana con los miembros de tu grupo, generas responsabilidad y les motivas para que apliquen a sus relaciones los principios de *Los 5 lenguajes del amor para hombres*.

EL AMOR QUE ELLA ANHELA, LA CONFIANZA QUE TÚ NECESITAS.

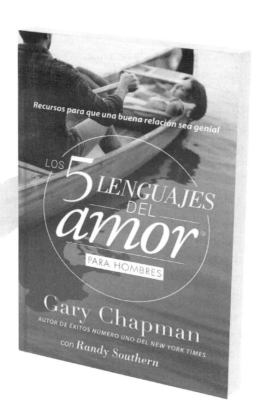

De *Los 5 lenguajes del amor*® se han vendido más de diez millones de ejemplares, pues es sencillo, práctico y eficaz. En esta edición para hombres, repleta de ilustraciones útiles y sugerencias creativas, Gary Chapman se dirige de forma directa a las necesidades, desafíos e intereses de los esposos que desean dominar el arte de amar a sus esposas.